AF187456

Impressum
Verlag: BABADADA GmbH, Nedderfeld 112 , 22529 Hamburg
Geschäftsführer / Verlagsleitung: Harald Hof
Druck: Books on Demand GmbH, In de Tarpen 42, 22848 Norderstedt

Imprint
Publisher: BABADADA GmbH, Nedderfeld 112 , 22529 Hamburg, Germany
Managing Director / Publishing direction: Harald Hof
Print: Books on Demand GmbH, In de Tarpen 42, 22848 Norderstedt, Germany

escuela
escola

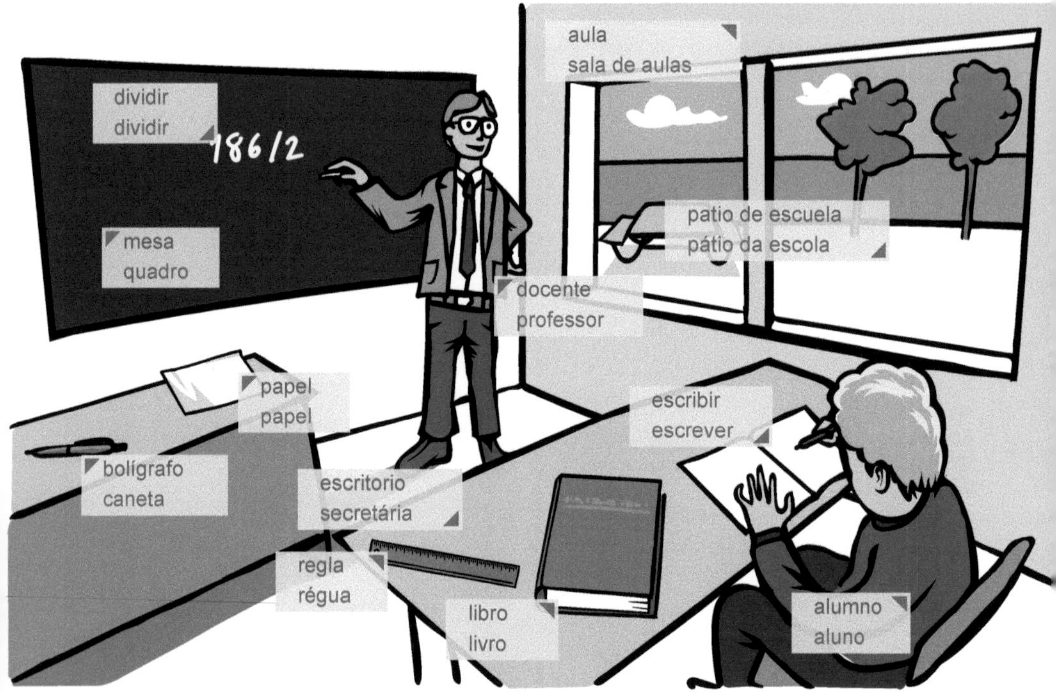

aula
sala de aulas
dividir
dividir
186/2
mesa
quadro
patio de escuela
pátio da escola
docente
professor
papel
papel
escribir
escrever
bolígrafo
caneta
escritorio
secretária
regla
régua
libro
livro
alumno
aluno

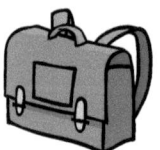

mochila escolar
mochila

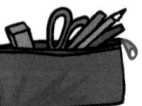

caja de lápices
estojo de lápis

lápiz
lápis

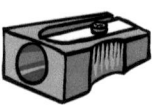

sacapuntas
afia-lápis

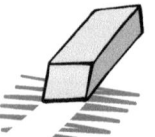

goma de borrar
borracha

bloc de dibujo
bloco de desenho

dibujo
desenho

pincel
pincel

caja de pinturas
caixa de tintas

tijera
tesoura

pegamento
cola

libro de ejercicios
livro de exercícios

tarea
trabalhos de casa

número
número

sumar
somar

restar
subtrair

multiplicar
multiplicar

calcular
calcular

letra
letra

alfabeto
alfabeto

palabra
palavra

texto

texto

leer

ler

tiza

giz

lección

hora

libro de clase

registo de presenças

examen

exame

certificado

certificado

uniforme escolar

uniforme escolar

educación

educação

enciclopedia

enciclopédia

universidad

universidade

microscopio

microscópio

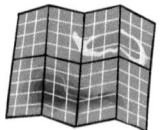

mapa

mapa

cesto de papeles

cesto de lixo

hotel
hotel

Grand

albergue
hostel

ROOMS

casa de cambio
casa de câmbio

EXCHANGE

maleta
mala

auto
carro

idioma
idioma

sí / no
sim / não

ok
ok / certo / correto

hola
olá

intérprete
intérprete

gracias
obrigado

¿Cuánto cuesta...?

quanto é que custa... ?

No entiendo

não entendo

problema

problema

¡Buenas tardes!

boa noite!

¡Buenos días!

Bom dia!

¡Buenas noches!

Boa noite!

adiós

adeus

dirección

direção

equipaje

bagagem

bolso

saco

mochila

mochila

invitado

convidado

cuarto

quarto

saco de dormir

saco-cama

tienda de campaña

tenda

información al turista

informação turística

playa

praia

tarjeta de crédito

cartão de crédito

desayuno

pequeno-almoço

almuerzo

almoço

cena

jantar

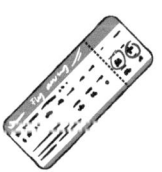

pasaje

bilhete

ascensor

elevador

sello

selo postal

límite

fronteira

aduana

alfândega

embajada

embaixada

visa

visto

pasaporte

passaporte

transporte

transporte

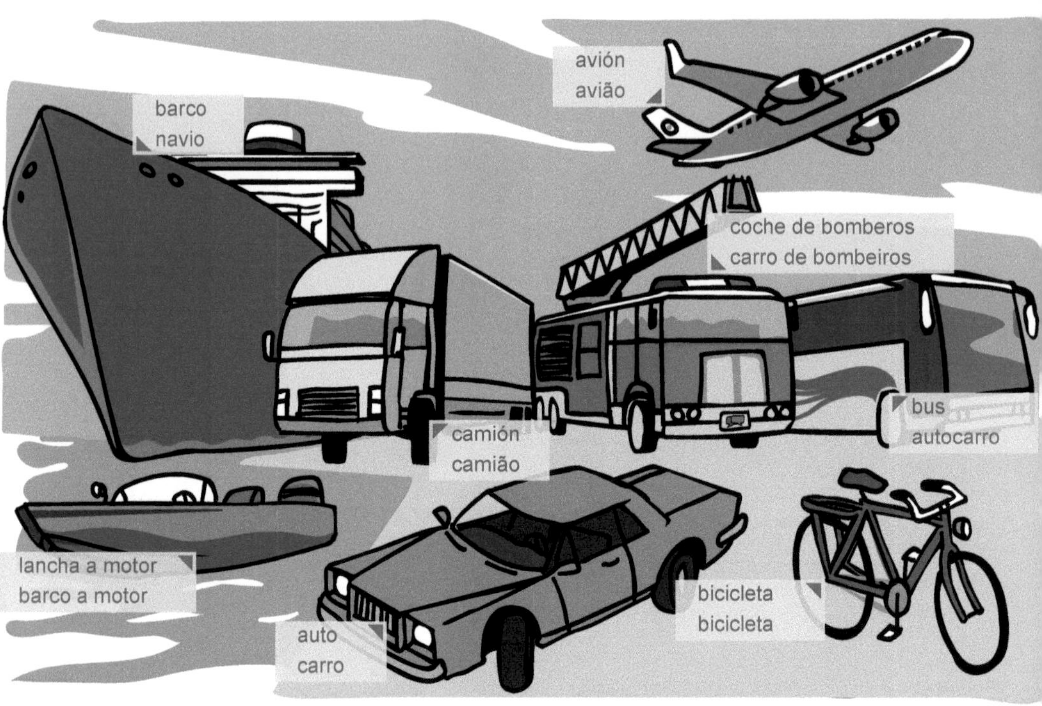
avión
avião
barco
navio
coche de bomberos
carro de bombeiros
bus
autocarro
camión
camião
lancha a motor
barco a motor
bicicleta
bicicleta
auto
carro

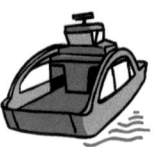

balsa

cacilheiro

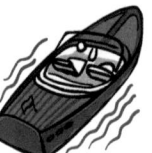

lancha

barco

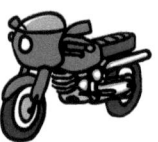

motocicleta

mota

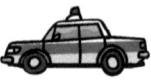

auto de policía

carro de polícia

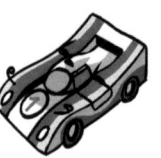

auto de carreras

carro de corrida

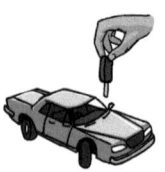

auto de alquiler

carro alugado

alquiler de autos

carsharing

grúa

camião de reboque

vehículo recolector de basura

camião do lixo

motor

motor

gasolina

combustível

gasolinera

estação de serviço

señal de tráfico

sinal de trânsito

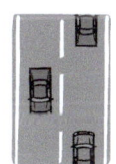

tránsito

trânsito

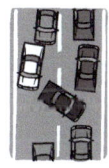

atasco

congestionamento de trânsito

estacionamiento

parque de estacionamento

estación de tren

estação ferroviária

carril

carris

tren

comboio

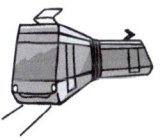

tranvía

elétrico

vagón

carruagem

helicóptero
helicóptero

aeropuerto
aeroporto

torre
torre

pasajero
passageiro

contenedor
contentor

caja de cartón
caixa de papelão

carro
carrinho

cesta
cesto

despegar / aterrizar
levantar voo / aterrar

ciudad
cidade

aldea
aldeia

centro de la ciudad
centro da cidade

casa
casa

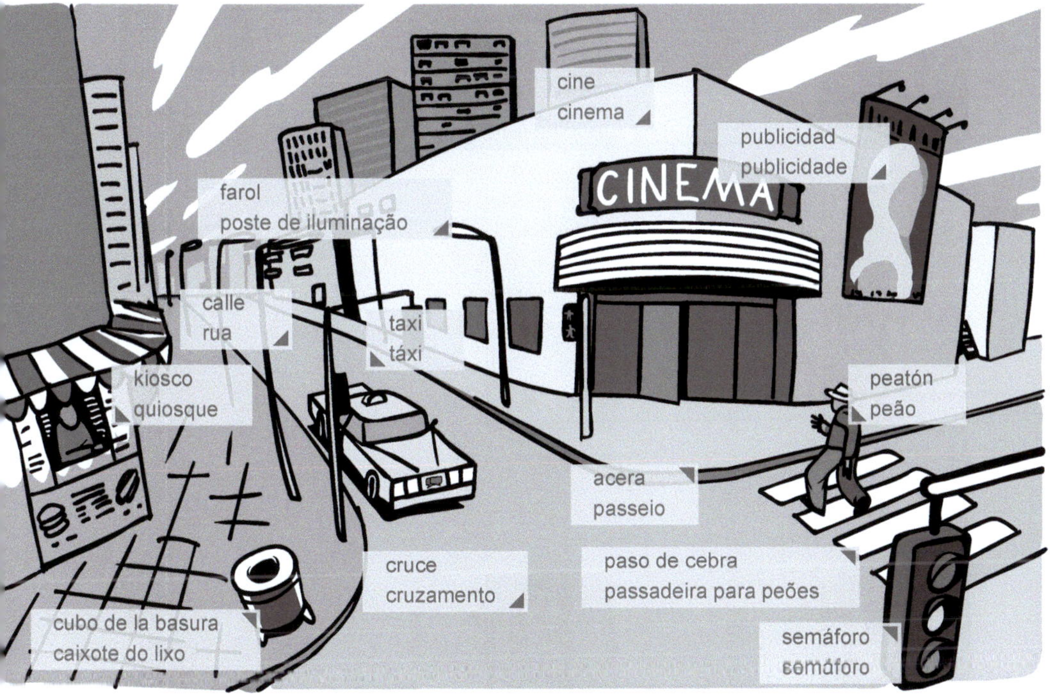

cine
cinema
publicidad
publicidade
CINEMA
farol
poste de iluminação
calle
rua
taxi
táxi
kiosco
quiosque
peatón
peão
acera
passeio
cruce
cruzamento
paso de cebra
passadeira para peões
cubo de la basura
caixote do lixo
semáforo
semáforo

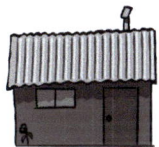

cabaña

cabana

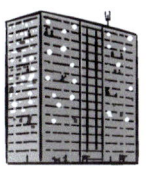

apartamento

apartamento

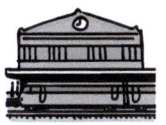

estación de tren

estação ferroviária

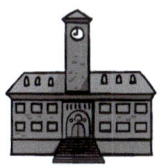

ayuntamiento

câmara municipal

MUSEUM

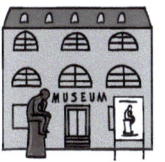

museo

museu

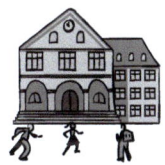

escuela

escola

universidad

universidade

banco

banco

hospital

hospital

hotel

hotel

farmacia

farmácia

oficina

escritório

librería

livraria

negocio

loja

florería

florista

supermercado

supermercado

mercado

mercado

grandes almacenes

loja de departamentos

pescadería

peixaria

centro comercial

centro comercial

puerto

porto

parque
parque

banco
banco

puente
ponte

escalera
escadas

metro
metro

túnel
túnel

parada de autobuses
paragem de autocarro

bar
bar

restaurante
restaurante

buzón de correo
caixa de correio

letrero
sinal de trânsito

parquímetro
parquímetro

zoológico
jardim zoológico

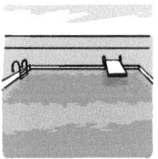

piscina
piscina

mezquita
mesquita

granja
quinta

polución
poluição

cementerio
cemitério

iglesia
igreja

parque infantil
parque infantil

templo
templo

paisaje
paisagem

hoja
folha

indicador de camino
placa de sinalização

sendero
caminho

pradera
prado

piedra
pedra

árbol
árvore

caminante
caminhantes

río
rio

pasto
relva

flor
flor

valle
vale

montaña
montanha

lago
lago

bosque
floresta

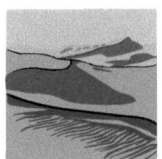

desierto
deserto

volcán
vulcão

castillo
castelo

arco iris
arco-íris

seta
cogumelo

palmera
palma

mosquito
mosquito

mosca
mosca

hormiga
formiga

abeja
abelha

araña
aranha

escarabajo

besouro

rana

sapo

ardilla

esquilo

erizo

ouriço

liebre

lebre

lechuza

coruja

pájaro

pássaro

cisne

cisne

jabalí

javali

ciervo

veado

alce

alce

embalse

barragem

aerogenerador

turbina eólica

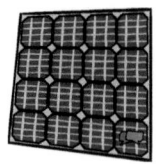

módulo solar

painel solar

clima

clima

restaurante
restaurante

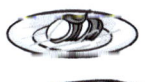

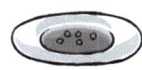

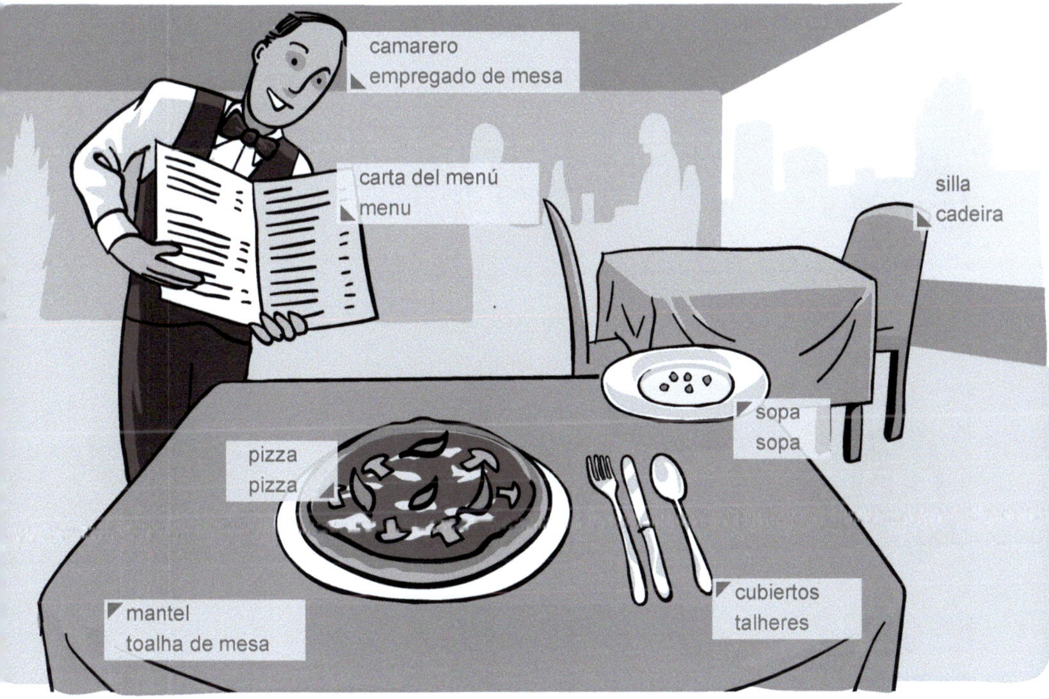
camarero
empregado de mesa
carta del menú
menu
silla
cadeira
sopa
sopa
pizza
pizza
cubiertos
talheres
mantel
toalha de mesa

entrada

entrada

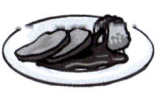

plato principal

prato principal

postre

sobremesa

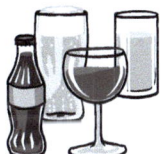

bebida

bebidas

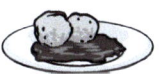

comida

comida

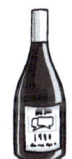

botella

garrafa

comida rápida
fast food

comida callejera
comida de rua

tetera
bule de chá

azucarera
açucareiro

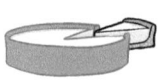

porción
porção

máquina de espresso
máquina de café expresso

silla alta
cadeira alta

factura
conta

bandeja
bandeja

cuchillo
faca

tenedor
garfo

cuchara
colher

cuchara de té
colher de chá

servilleta
guardanapo

vaso
copo

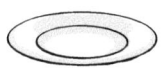

plato
prato

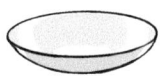

plato de sopa
prato de sopa

platillo
pires

salsa
molho

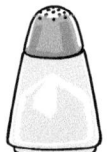

salero
saleiro

molinillo para pimienta
moinho de pimenta

vinagre
vinagre

aceite
óleo

especias
especiarias

ketchup
ketchup

mostaza
mostarda

mayonesa
maionese

supermercado
supermercado

oferta
oferta especial
FOR
cliente
cliente
productos lácteos
laticínios
fruta
fruta
carrito de compras
carrinho de compras

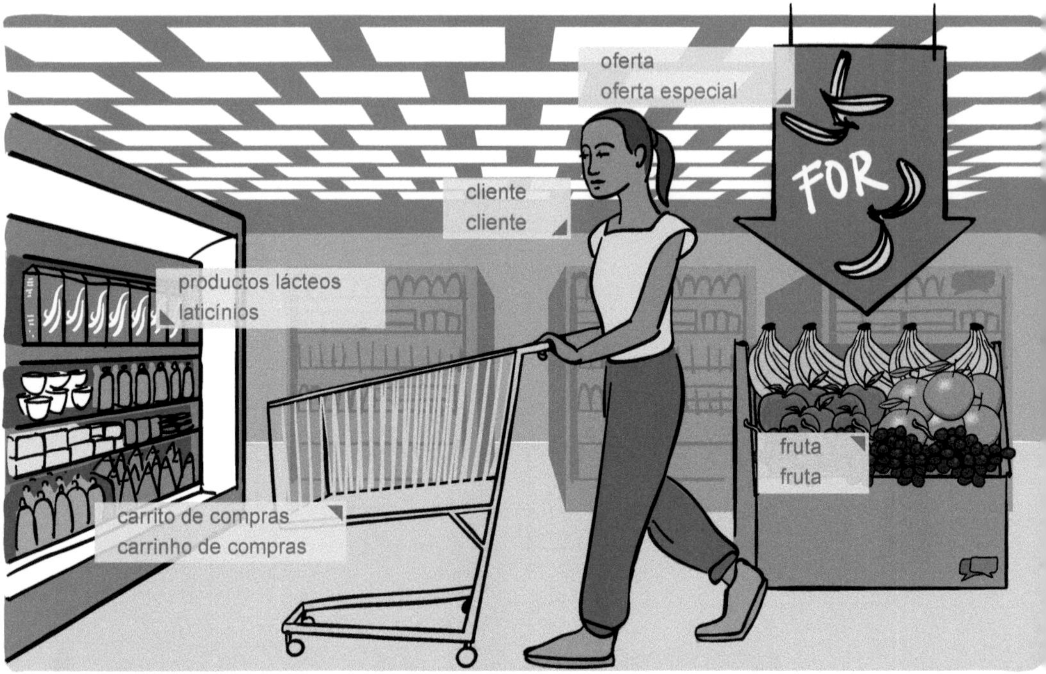

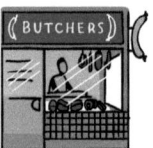

BUTCHERS

carnicería

talho

BAKERY

panadería

padaria

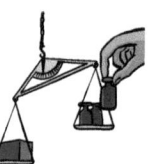

pesar

pesar

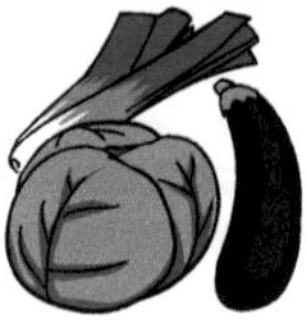

verdura

vegetais

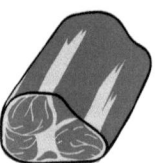

carne

carne

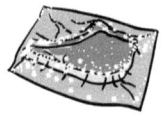

alimentos congelados

alimentos congelados

fiambre
charcutaria

conservas
comida enlatada

detergente en polvo
detergente em pó

dulces
doces

artículos domésticos
artigos domésticos

productos de limpieza
produtos de limpeza

vendedora
vendedora

caja
caixa

cajero
caixa

lista de compras
lista de compras

horario de atención
horário de funcionamento

cartera
carteira

tarjeta de crédito
cartão de crédito

maleta
saco

bolsa plástica
saco de plástico

agua
água

jugo
sumo

leche
leite

refresco de cola
coca-cola

vino
vinho

cerveza
cerveja

alcohol
álcool

cacao
cacau

té
chá

café
café

espresso
café expresso

cappuccino
capuccino

banana

banana

manzana

maçã

naranja

laranja

sandía

melão

limón

limão

zanahoria

ocnoura

ajo

alho

bambú

bambu

cebolla

cobola

seta

cogumelo

nueces

nozes

fideos

talharim

espagueti

esparguete

arroz

arroz

ensalada

salada

patatas fritas

batatas fritas

patatas salteadas

batatas fritas

pizza

pizza

hamburguesa

hambúrguer

sándwich

sanduíche

escalope

bife panado

jamón

fiambre

salame

salame

embutido

salsicha

pollo

galinha

asado

assado

pescado

peixe

copos de avena
flocos de aveia

musli
muesli

copos de maíz tostado
flocos de milho

harina
farinha

croissant
croissant

panecillo
carcaça (pãozinho)

pan
pão

tostada
torrada

galletas
biscoitos

mantequilla
manteiga

cuajada
requeijão

pastel
bolo

huevo
ovo

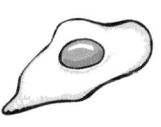

huevo frito
ovo estrelado

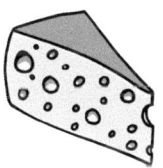

queso
queijo

helado
gelado

azúcar
açúcar

miel
mel

mermelada
compota

praliné
creme de nougat

curry
caril

granja
quinta

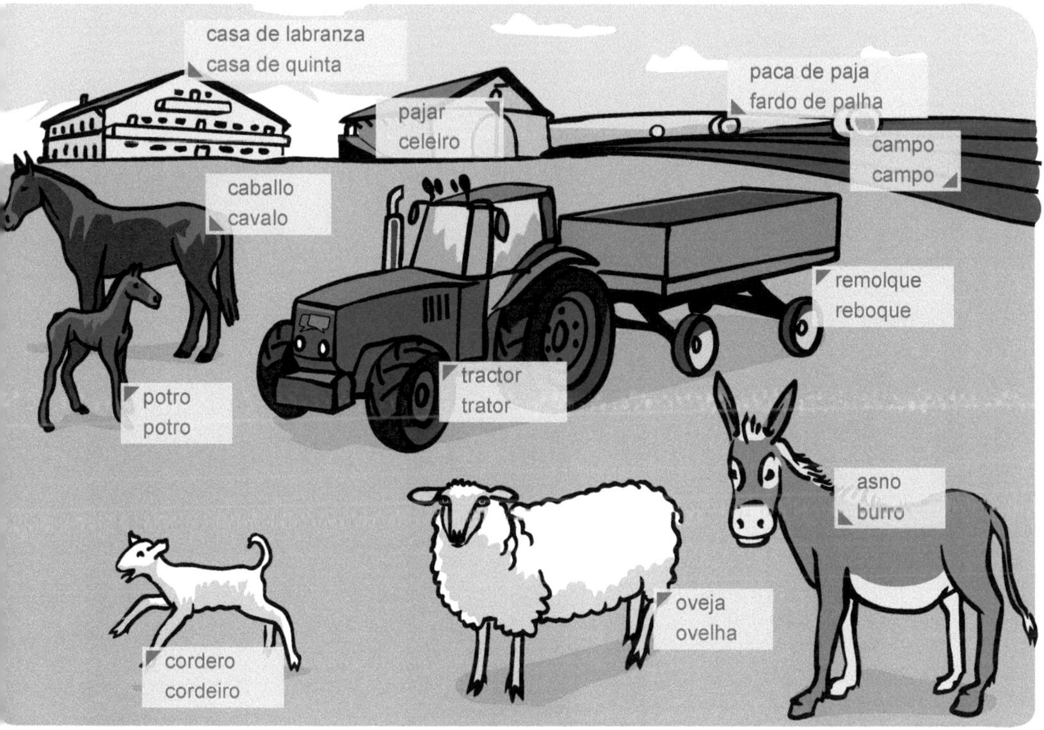
casa de labranza
casa de quinta
pajar
celeiro
paca de paja
fardo de palha
campo
campo
caballo
cavalo
remolque
reboque
tractor
trator
potro
potro
asno
burro
oveja
ovelha
cordero
cordeiro

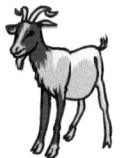

cabra

cabra

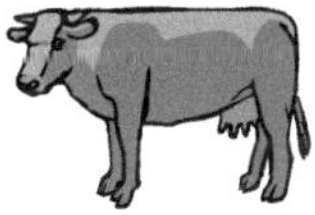

vaca

vaca

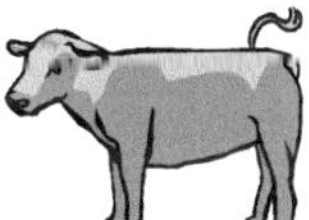

ternero

bezerro

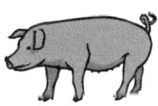

cerdo

porco

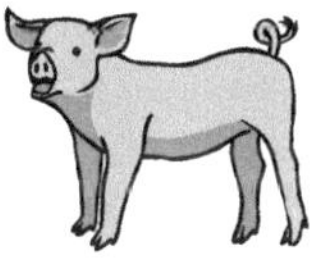

lechón

leitão

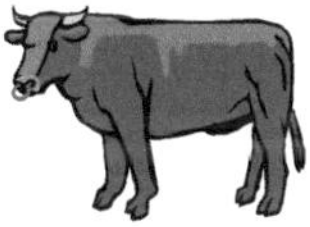

toro

touro

ganso

ganso

pato

pato

polluelo

pintaínho

pollo

galinha

gallo

galo

rata

ratazana

gato

gato

ratón

rato

buey

boi

perro

cão

caseta del perro

casota

manguera de riego

mangueira de jardim

regadera

regador

guadaña

foice

arado

arado

hoz

foice

azada

enxada

bieldo

forquilha

hacha

machado

carretilla

carrinho de mão

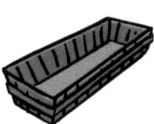

abrevadero

manjedoura

lechera

jarro de leite

saco

saco

cerca

cerca

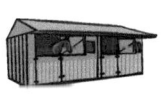

establo

estábulo

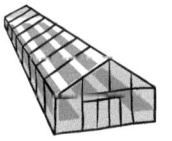

invernadero

estufa

suelo

solo

semilla

semente

fertilizante

fertilizante

cosechadora

ceifeira-debulhadora

cosechar

colher

cosecha

colheita

raíz de ñame

inhame

trigo

trigo

soja

soja

patata

batata

maíz

milho

colza

colza

Árbol frutal

árvore de fruto

mandioca

mandioca

cereales

cereais

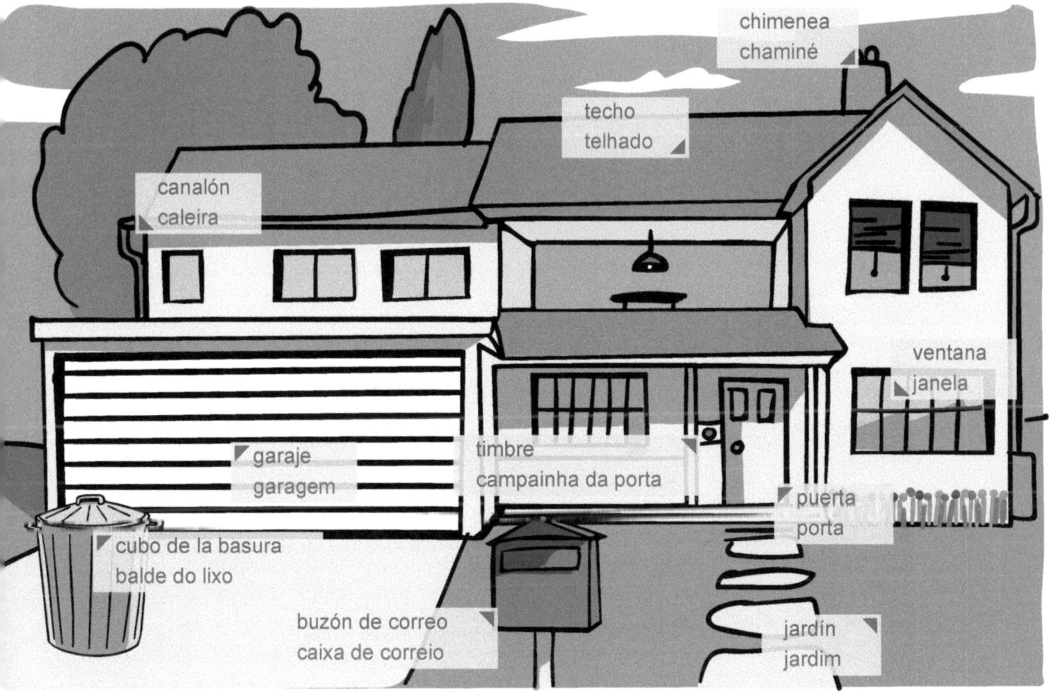

chimenea
chaminé

techo
telhado

canalón
caleira

ventana
janela

garaje
garagem

timbre
campainha da porta

puerta
porta

cubo de la basura
balde do lixo

buzón de correo
caixa de correio

jardín
jardim

cuarto de estar
sala de estar

cuarto de baño
casa de banho

cocina
cozinha

dormitorio
quarto de dormir

cuarto de los niños
quarto de criança

comedor
sala de jantar

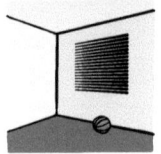

piso
....
chão

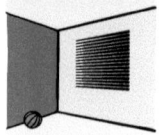

pared
....
parede

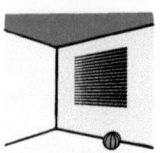

cielorraso
....
teto

sótano
....
cave

sauna
....
sauna

balcón
....
varanda

terraza
....
terraço

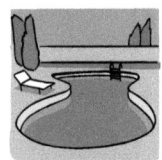

piscina
....
piscina

cortacésped
....
máquina de cortar relvado

funda nórdica
....
lençol

edredón
....
cobertor

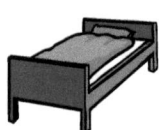

cama
....
cama

escoba
....
vassoura

cubo
....
balde

interruptor
....
interruptor

cuarto de estar
sala de estar

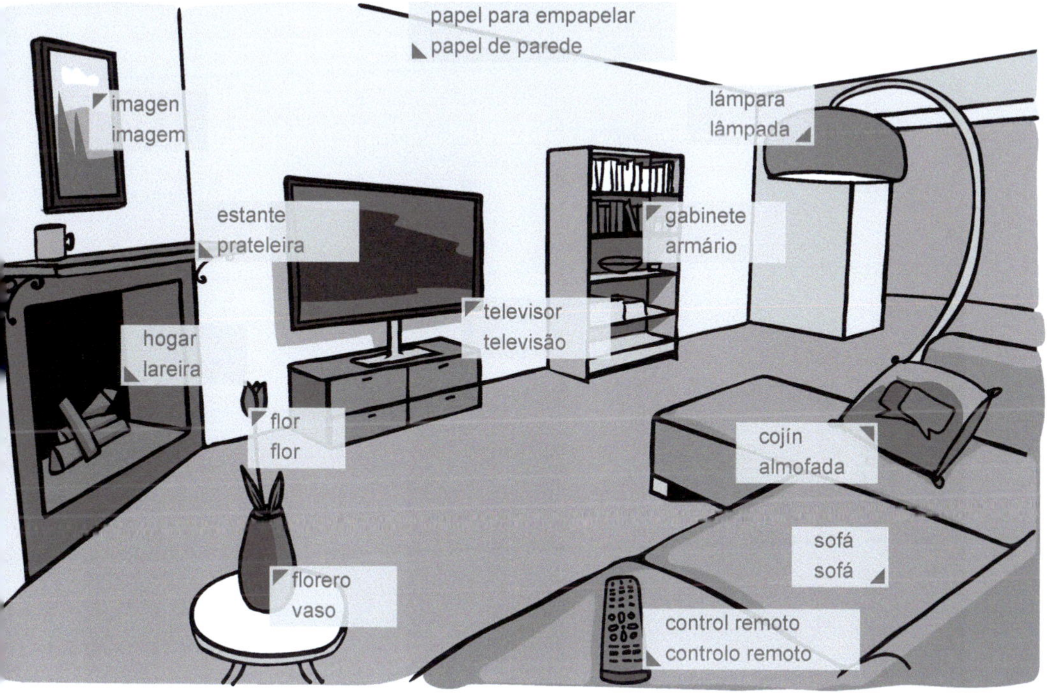

papel para empapelar
papel de parede
imagen
imagem
lámpara
lâmpada
estante
prateleira
gabinete
armário
televisor
televisão
hogar
lareira
flor
flor
cojín
almofada
sofá
sofá
florero
vaso
control remoto
controlo remoto

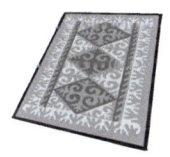

alfombra
tapete

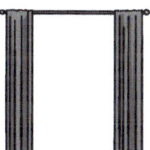

cortina
cortina

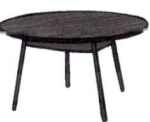

mesa
mesa

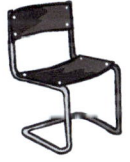

silla
cadeira

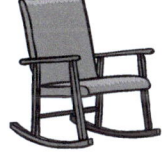

mecedora
cadeira de baloiço

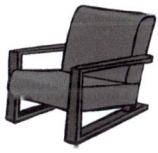

sillón
poltrona

libro
livro

frazada
cobertor

decoración
decoração

leña
lenha

film
filme

equipo estereofónico
sistema estéreo

llave
chave

periódico
jornal

cuadro
pintura

póster
póster

radio
rádio

bloc de notas
bloco de notas

aspiradora
aspirador

cactus
cato

vela
vela

cocina
cozinha

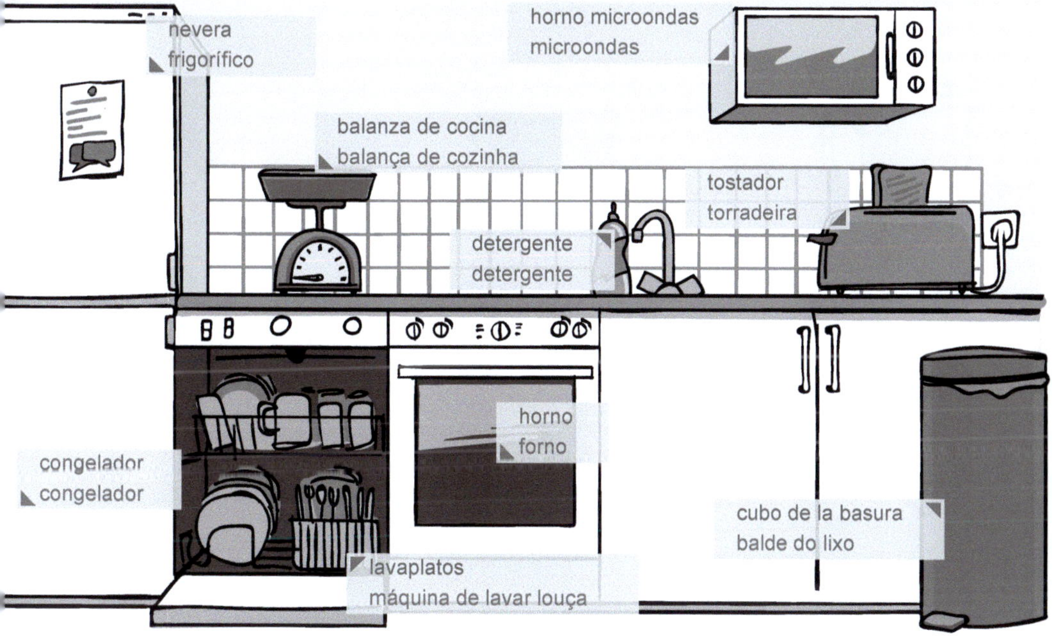

nevera
frigorífico
horno microondas
microondas
balanza de cocina
balança de cozinha
tostador
torradeira
detergente
detergente
horno
forno
congelador
congelador
cubo de la basura
balde do lixo
lavaplatos
máquina de lavar louça

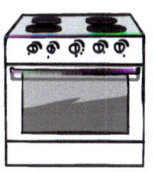

cocina
fogão

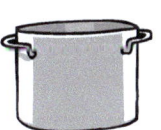

olla
panela

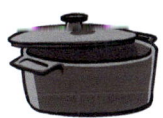

olla de fundición de hierro
panela de ferro

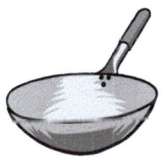

wok / kadai
wok / kadai

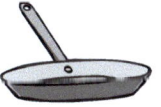

sartén
frigideira

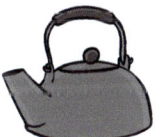

hervidor de agua
chaleira

olla de vapor

panela a vapor

bandeja de horno

tabuleiro de forno

vajilla

louça

vaso

caneca

bol

tigela

palillos para comer

pauzinhos

cucharón de sopa

concha de sopa

espátula

espátula

batidor

batedor de claras

colador

escorredor

cedazo

peneira

rallador

ralador

mortero

almofariz

parrillada

churrasqueira

fogata

lareira

tabla de picar

tábua de cortar

rodillo

rolo da massa

sacacorchos

saca-rolhas

lata

lata

abrelatas

abridor de latas

agarrador

luvas de forno

fregadero

lava-loiça

cepillo

escova

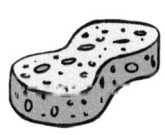

esponja

esponja

batidora

liquidificador

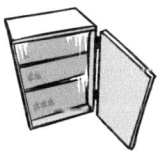

arcón congelador

arca frigorífica

biberón

biberão

grifo

torneira

cuarto de baño
casa de banho

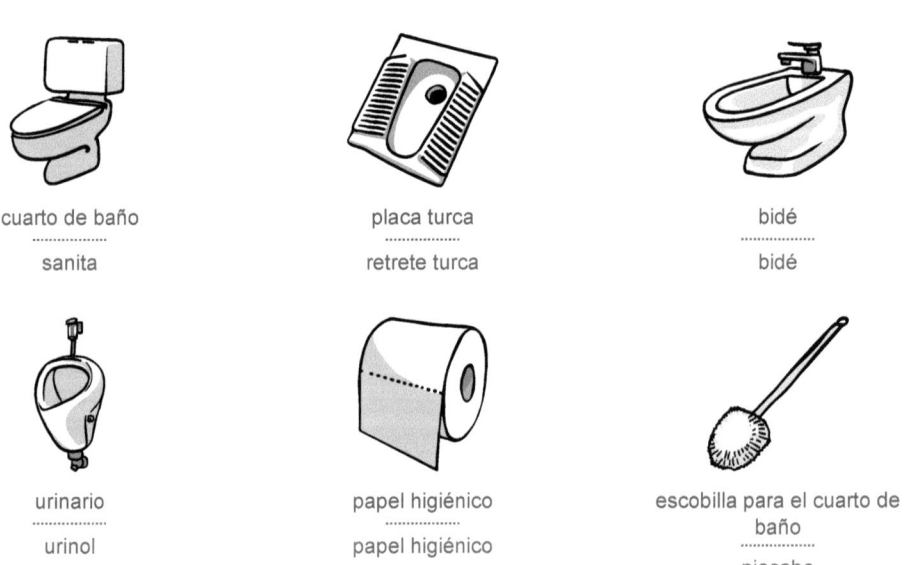

calefacción
aquecimento
toalla
toalha
ducha
chuveiro
cortina para ducha
cortina de chuveiro
baño de espuma
banho de espuma
bañera
banheira
vaso
copo
lavadora
máquina de lavar roupa
grifo
torneira
baldosa
azulejos
orinal
penico
fregadero
lava-loiça

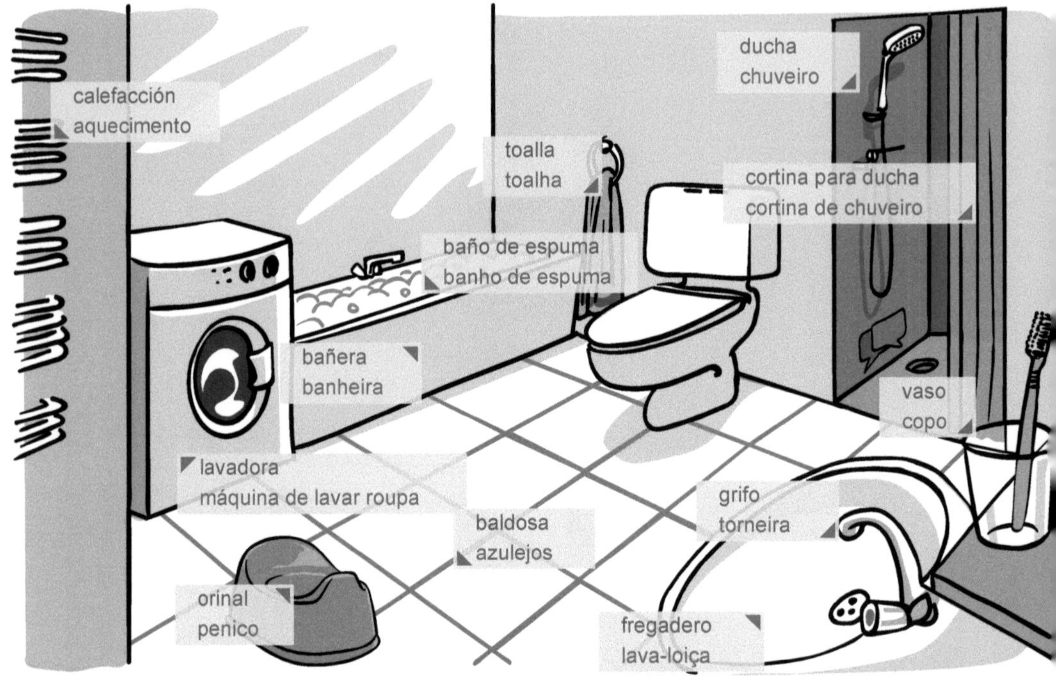

cuarto de baño

sanita

placa turca

retrete turca

bidé

bidé

urinario

urinol

papel higiénico

papel higiénico

escobilla para el cuarto de baño

piaçaba

cepillo de dientes

escova de dentes

pasta dentífrica

pasta de dentes

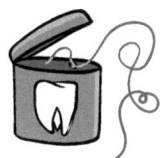

seda dental

fio dentário

lavar

lavar

ducha teléfono

chuveiro de mão

ducha higiénica

duche íntimo

cuenco

bacia

cepillo para la espalda

escova para as costas

jabón

sabonete

gel de ducha

gel de banho

champú

champô

manopla para baño

toalha de rosto

desagüe

escoamento

crema

creme

desodorante

desodorizante

espejo

espelho

espejo de maquillaje

espelho de mão

máquina de afeitar

máquina de barbear

espuma de afeitar

creme de barbear

loción para después del afeitado

loção pós-barba

peine

pente

cepillo

escova

secador para cabello

secador de cabelo

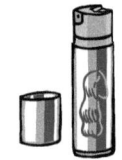

laca de peinado

spray de cabelo

maquillaje

maquilhagem

lápiz labial

batom

laca para uñas

verniz de unhas

algodón

algodão

tijera para uñas

tesoura para unhas

perfume

perfume

neceser

nécessaire

taburete

tamborete

balanza

balança

bata de baño

roupão de banho

guantes de goma

luvas de borracha

tampón

tampão

compresa

penso higiénico

wáter químico

WC químico

cuarto de los niños
quarto de criança

despertador
despertador
animal de peluche
peluche
auto de juguete
carro de brincar
sonajero
chocalho
casa de muñecas
casa de bonecas
obsequio
presente

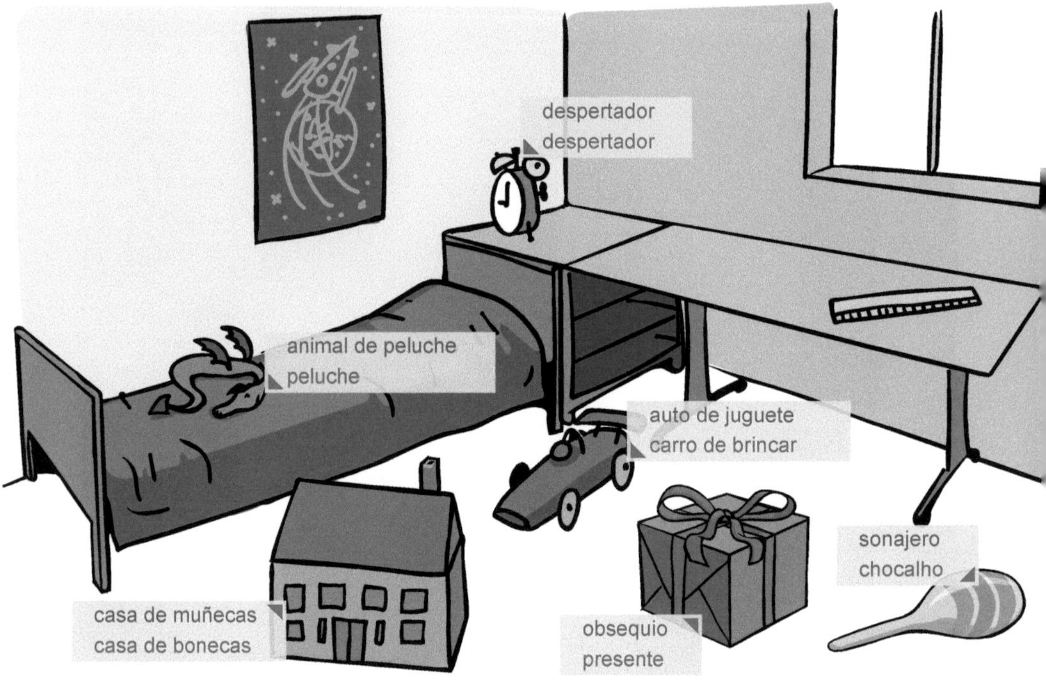

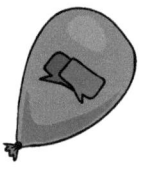

globo

balão

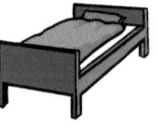

cama

cama

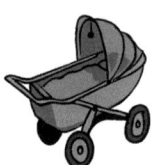

cochecito para niños

carrinho de bebé

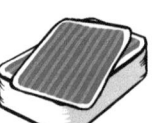

juego de barajas

jogo de cartas

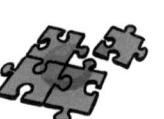

rompecabezas

quebra-cabeças

SUPER
MEGA

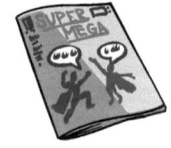

cómic

banda desenhada

piezas de Lego
peças de Lego

bloques para jugar
blocos de construção

figura de acción
figura de ação

pijama de una pieza
fato de bebé

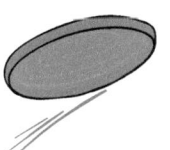

frisbee
Frisbee

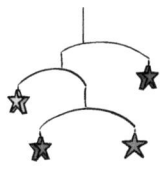

móvil
móbile para bebé

juego de mesa
jogo de tabuleiro

dado
dados

tren eléctrico a escala
pista de comboio elétrico

chupete
chupeta

fiesta
festa

libro de dibujos
livro ilustrado

pelota
bola

títere
boneca

jugar
jogar

arenero

caixa de areia

columpio

baloiço

juguetes

brinquedos

consola de videojuego

consola de jogos

triciclo

triciclo

osito de peluche

ursinho de peluche

guardarropa

guarda-roupa

vestimenta

vestuário

calcetines

meias

medias

meias pelo joelho

panti

meias-calças

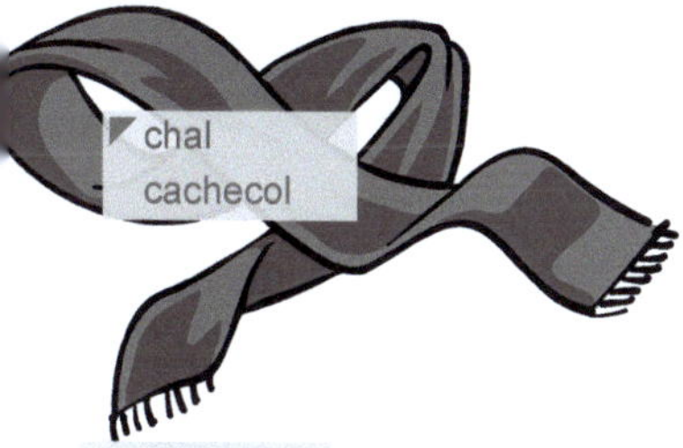

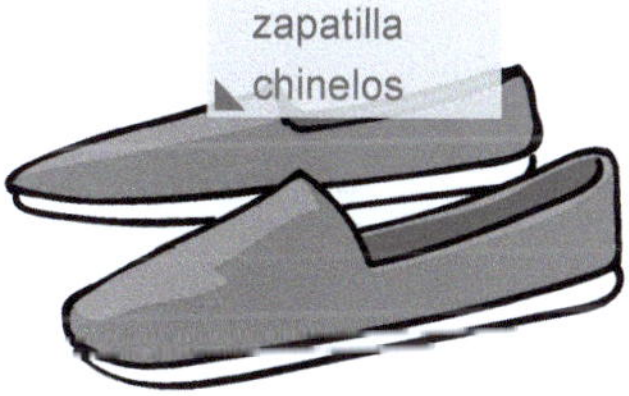

chal
cachecol

paraguas
guarda-chuva

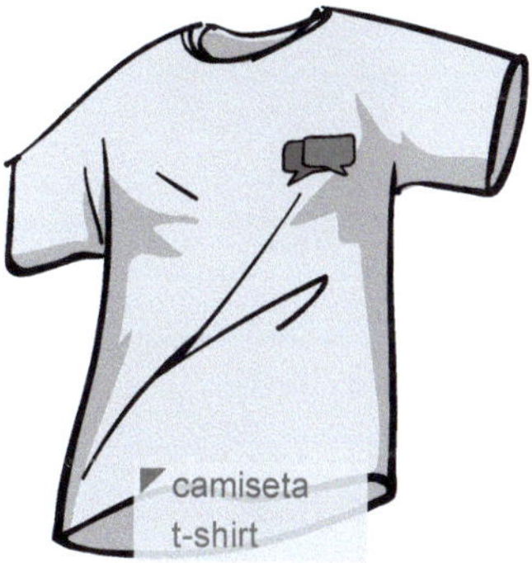

camiseta
t-shirt

cinturón
cinto

botas
botas

zapatilla
chinelos

deportivas
sapatilhas

sandalias
sandálias

zapatos
sapatos

botas de goma
botas de borracha

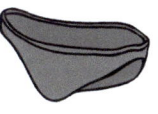

ropa interior
cuecas

corpiño
sutiã

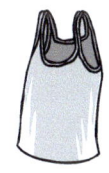

camiseta
camisola interior

body

body

pantalón

calças

jeans

calças de ganga

falda

saia

blusa

blusa

camisa

camisa

pullover

pulôver

sweater

camisola com capuz

blazer

blazer

chaqueta

casaco

abrigo

manto

impermeable

gabardina

traje chaqueta

traje

vestido

vestido

vestido de bodas

vestido de casamento

vestimenta - vestuário

traje

fato

camisón

camisa de dormir

pijama

pijama

sari

sari

pañuelo de cabeza

lenço de cabeça

turbante

turbante

burka

burca

caftán

cafetã

abaya

abaya

traje de baño

fato de banho

bañador

calções de banho

shorts

calções

chándal

fato de treino

delantal

avental

guante

luvas

botón

botão

gafa

óculos

brazalete

pulseira

cadena

colar

anillo

anel

aro

brinco

gorra

boné

percha

cabide

sombrero

chapéu

corbata

gravata

cierre a cremallera

fecho de correr

casco

capacete

tiradores

suspensórios

uniforme escolar

uniforme escolar

uniforme

uniforme

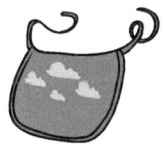

babero

babete

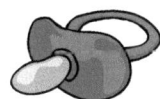

chupete

chupeta

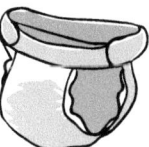

pañal

fralda

oficina
escritório

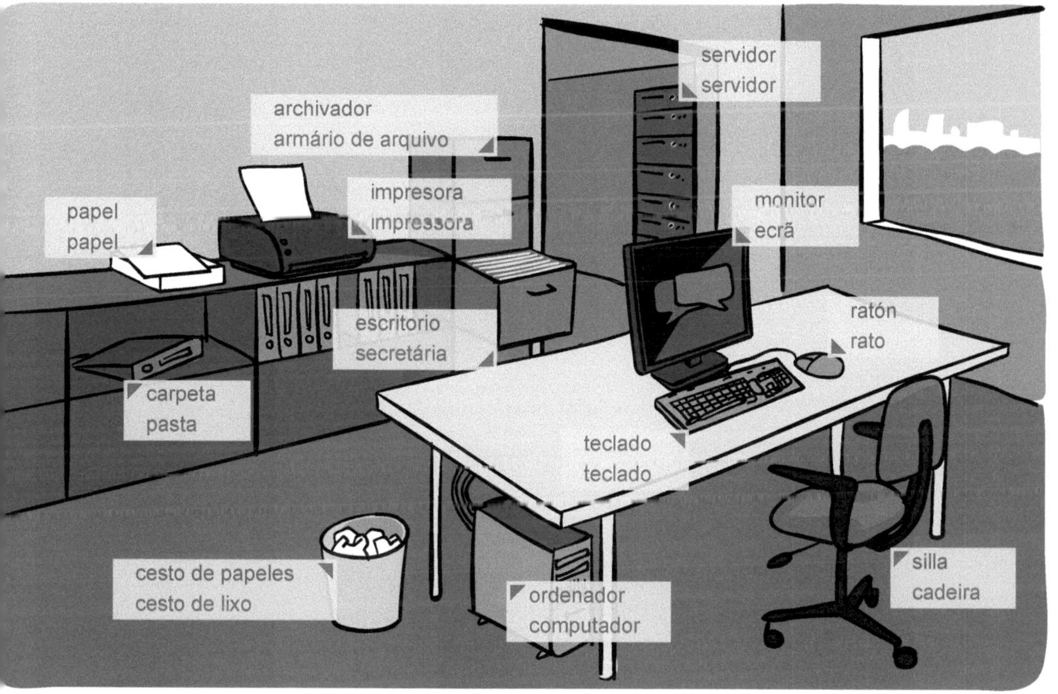

servidor
servidor
archivador
armário de arquivo
papel
papel
impresora
impressora
monitor
ecrã
ratón
rato
escritorio
secretária
carpeta
pasta
teclado
teclado
cesto de papeles
cesto de lixo
ordenador
computador
silla
cadeira

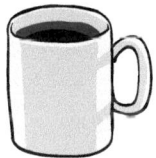

taza de café

caneca de café

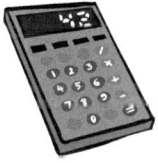

calculadora

calculadora

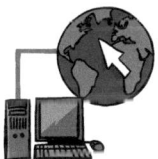

internet

internet

laptop

computador portátil

carta

carta

mensaje

mensagem

teléfono móvil

telemóvel

red

rede

fotocopiadora

fotocopiadora

software

software

teléfono

telefone

tomacorriente

tomada elétrica

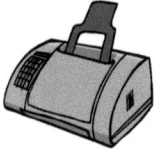

máquina de fax

fax

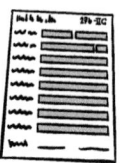

formulario

formulário

documento

documento

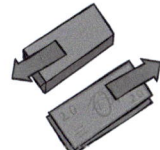

comprar
....
comprar

pagar
....
pagar

comerciar
....
negociar

dinero
....
dinheiro

dólar
....
dólar

euro
....
euro

yen
....
yen

rublo
....
rublo

franco
....
franco suíço

renminbi
....
renminbi yuan

rupia
....
rupia

cajero automático
....
caixa de multibanco

casa de cambio

casa de câmbio

oro

ouro

plata

prata

petróleo

petróleo

energía

energia

precio

preço

contrato

contrato

impuesto

imposto

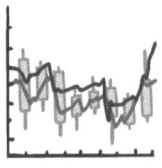

acción

ação

trabajar

trabalhar

empleado

empregado

empleador

entidade patronal

fábrica

fábrica

negocio

loja

ocupaciones
profissões

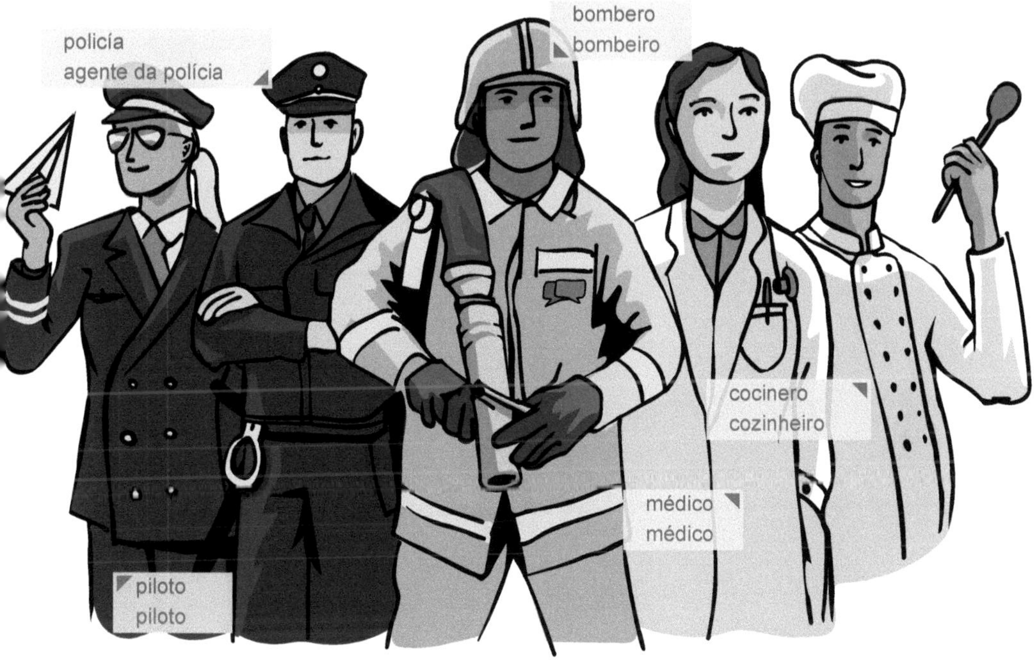
bombero
bombeiro
policía
agente da polícia
cocinero
cozinheiro
médico
médico
piloto
piloto

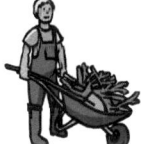

jardinero

jardineiro

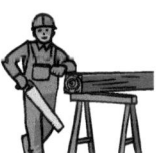

carpintero

carpinteiro

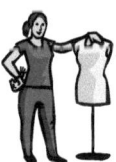

costurera

costureira

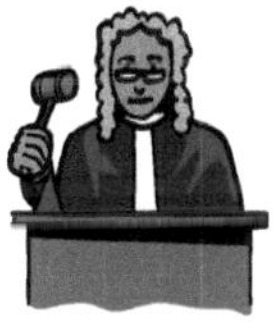

juez

juiz

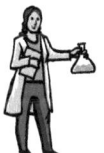

químico

químico

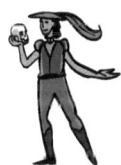

actor

ator

conductor de autobús

motorista de autocarro

taxista

motorista de táxi

pescador

pescador

mujer de la limpieza

empregada de limpeza

techista

telhador

camarero

empregado de mesa

cazador

caçador

pintor

pintor

panadero

padeiro

electricista

eletricista

albañil

construtor

ingeniero

engenheiro

carnicero

talhante

fontanero

canalizador

cartero

carteiro

soldado

soldado

arquitecto

arquiteto

cajero

caixa

florista

florista

peluquero

cabeleireiro

cobrador

controlador de bilhetes

mecánico

mecânico

capitán

capitão

odontólogo

dentista

científico

cientista

rabino

rabino

imam

imã

monje

monge

párroco

pastor

herramientas
ferramentas

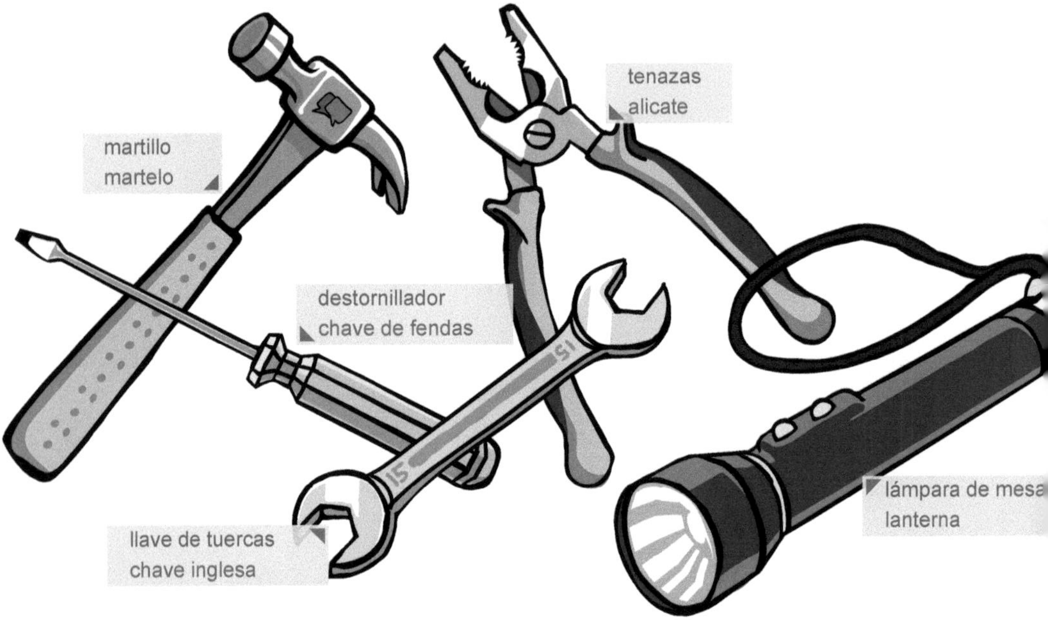
martillo
martelo
tenazas
alicate
destornillador
chave de fendas
llave de tuercas
chave inglesa
lámpara de mesa
lanterna

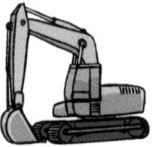

excavadora

escavadora

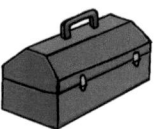

caja de herramientas

caixa de ferramentas

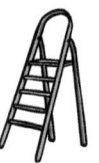

escalerilla

escadote

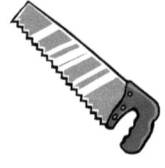

serrucho

serra

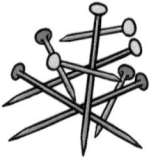

clavos

pregos

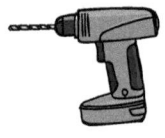

taladro

broca

reparar
reparar

pala
pá

¡Maldición!
porcaria!

recogedor
pá de lixo

lata de pintura
pote de tinta

tornillos
parafusos

instrumentos musicales
instrumentos musicais

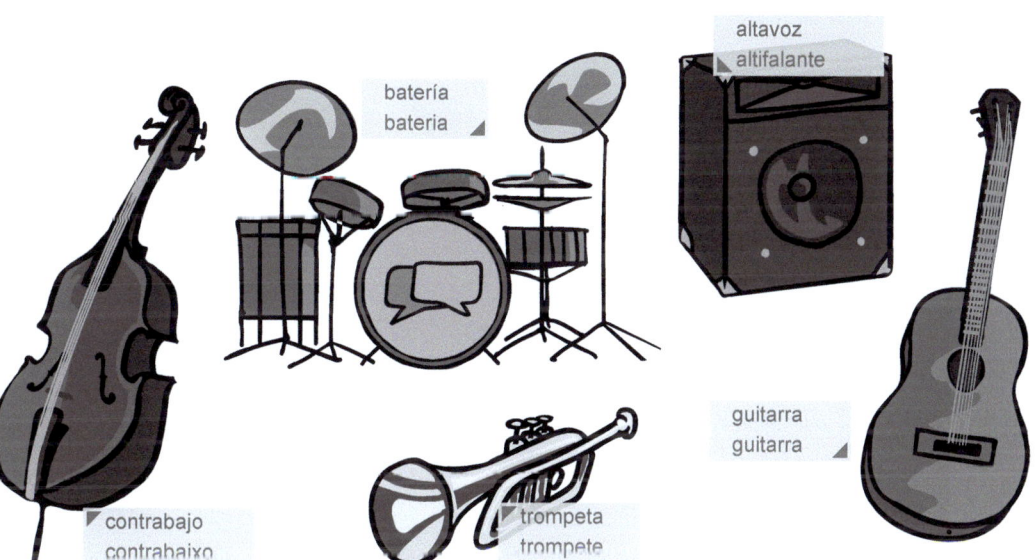

altavoz
altifalante

batería
bateria

guitarra
guitarra

contrabajo
contrabaixo

trompeta
trompete

piano
piano

violín
violino

bajo
baixo

timbales
timbales

tambor
tambor

teclado
teclado

saxofón
saxofone

flauta
flauta

micrófono
microfone

zoológico

jardim zoológico

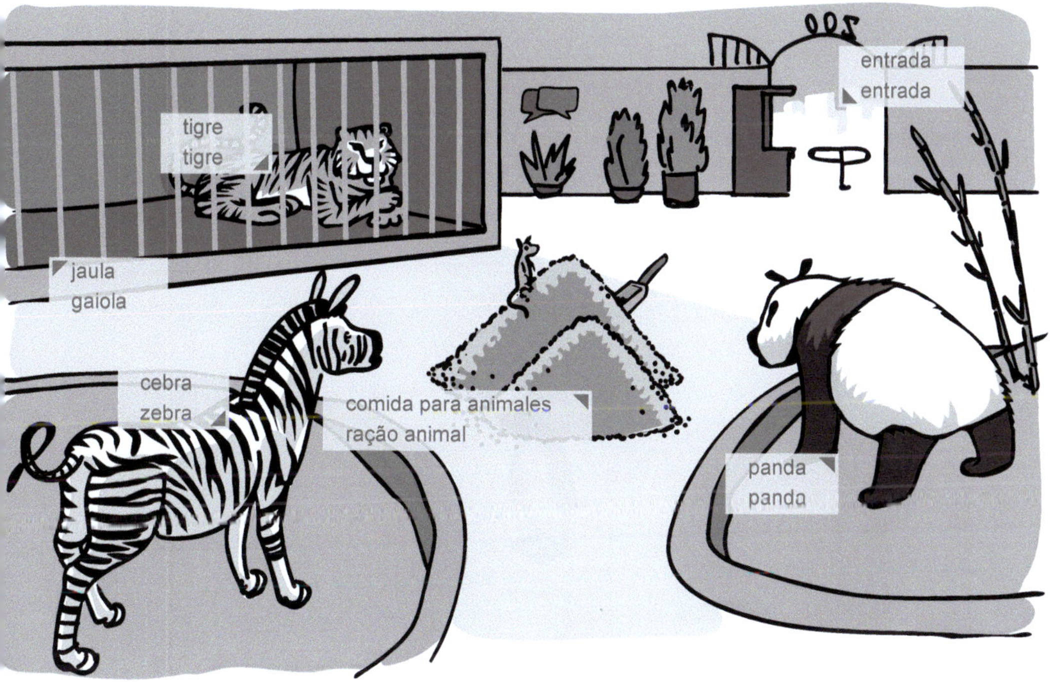

entrada
entrada
tigre
tigre
jaula
gaiola
cebra
zebra
comida para animales
ração animal
panda
panda

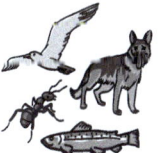

animales

animais

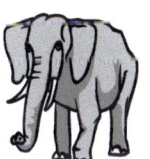

elefante

elefante

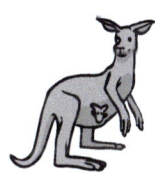

canguro

canguru

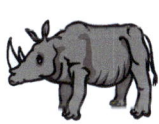

rinoceronte

rinoceronte

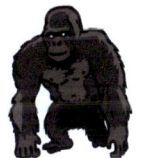

gorila

gorila

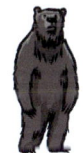

oso

urso

camello

camelo

avestruz

avestruz

león

leão

mono

macaco

flamengo

flamingo

papagayo

papagaio

oso polar

urso polar

pingüino

pinguim

tiburón

tubarão

pavo real

pavão

serpiente

cobra

cocodrilo

crocodilo

cuidador del zoológico

guarda do jardim zoológico

foca

foca

jaguar

jaguar

pony

pónei

leopardo

leopardo

hipopótamo

hipopótamo

jirafa

girafa

águila

águia

jabalí

javali

pescado

peixe

tortuga

tartaruga

morsa

morsa

zorro

raposa

gacela

gazela

fútbol americano
futebol americano

ciclismo
ciclismo

tenis
ténis

baloncesto
basquetebol

natación
natação

hockey sobre hielo
hóquei no gelo

boxeo
boxe

fútbol
futebol

badminton
badminton

atletismo
atletismo

balonmano
andebol

esquí
esqui

polo
polo

saltar
saltar

reír
rir

abrazar
abraçar

cantar
cantar

caminar
andar

rezar
rezar

besar
beijar

soñar
sonhar

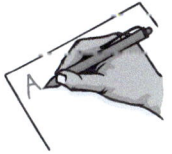

escribir
escrever

dibujar
desenhar

mostrar
mostrar

presionar
empurrar

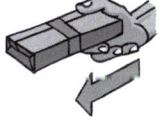

dar
dar

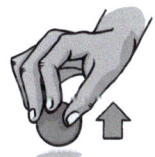

tomar
tomar

tener
ter

hacer
fazer

ser
ser

estar de pie
ficar de pé

correr
correr

tirar
puxar

arrojar
remessar

caer
cair

estar acostado
deitar

esperar
esperar

llevar
carregar

estar sentado
sentar

vestirse
vestir

dormir
dormir

despertar
acordar

actividades - atividades

mirar
olhar para

llorar
chorar

acariciar
acariciar

peinarse
pentear

conversar
falar

entender
compreender

preguntar
perguntar

oír
ouvir

beber
beber

comer
comer

asear
arrumar

amar
amar

cocinar
cozinhar

conducir
conduzir

volar
voar

navegar

velejar

calcular

calcular

leer

ler

aprender

aprender

trabajar

trabalhar

casarse

casar

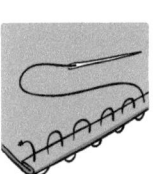

coser

costurar

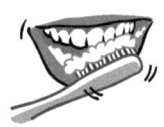

limpiarse los dientes

escovar os dentes

matar

matar

fumar

fumar

enviar

enviar

actividades - atividades

abuela
avó

abuelo
avô

padre
pai

madre
mãe

bebé
bebé

hija
filha

hijo
filho

invitado
convidado

tía
tia

tío
tio

hermano
irmão

hermana
irmã

cuerpo
corpo

frente
testa
ojo
olho
hombro
ombro
dedo
dedo
cara
cara
barbilla
queixo
mano
mão
pierna
perna
pecho
peito
brazo
braço

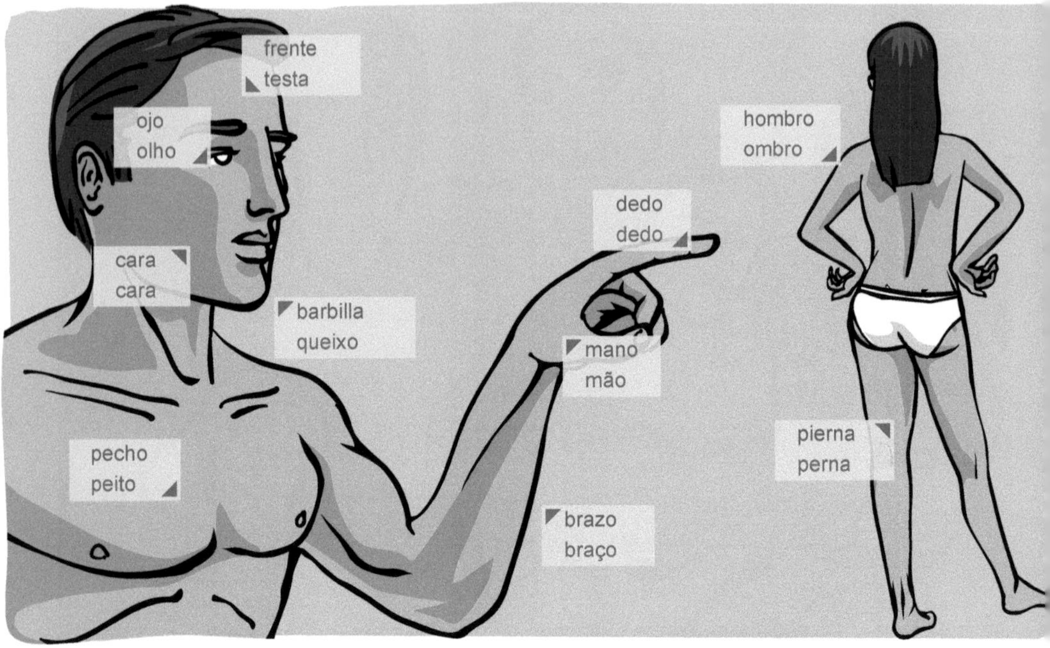

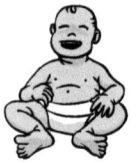

bebé

bebé

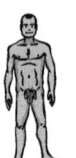

hombre

homem

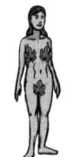

mujer

mulher

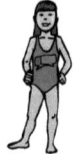

muchacha

menina

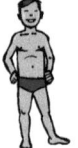

joven

menino

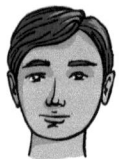

cabeza

cabeça

espalda

costas

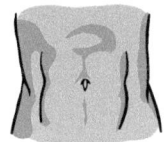

vientre

barriga

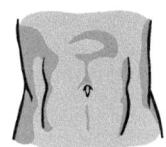

ombligo

umbigo

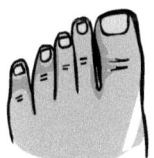

dedo del pie

dedo do pé

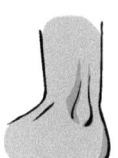

talón

calcanhar

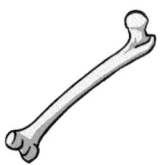

hueso

osso

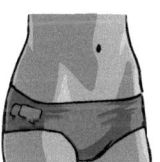

cadera

anca

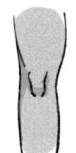

rodilla

joelho

codo

cotovelo

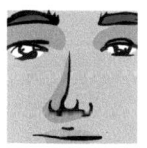

nariz

nariz

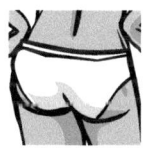

trasero

nádegas

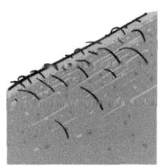

piel

pele

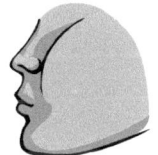

mejilla

bochecha

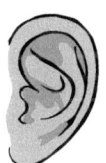

oreja

orelha

labio

labio

boca

boca

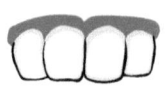

diente

dente

lengua

língua

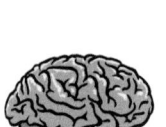

cerebro

cérebro

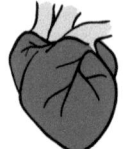

corazón

coração

músculo

músculo

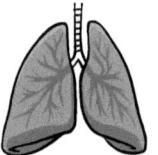

pulmón

pulmão

hígado

fígado

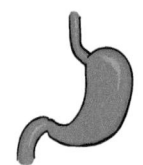

estómago

estômago

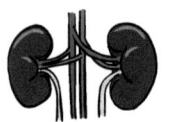

riñones

rins

relación sexual

relações sexuais

condón

preservativo

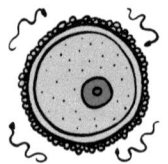

Óvulo

óvulo

esperma

esperma

embarazo

gravidez

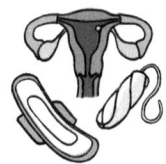

menstruación
menstruação

vagina
vagina

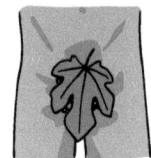

pene
pénis

ceja
sobrancelha

cabello
cabelo

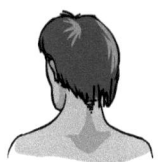

cuello
pescoço

hospital
hospital

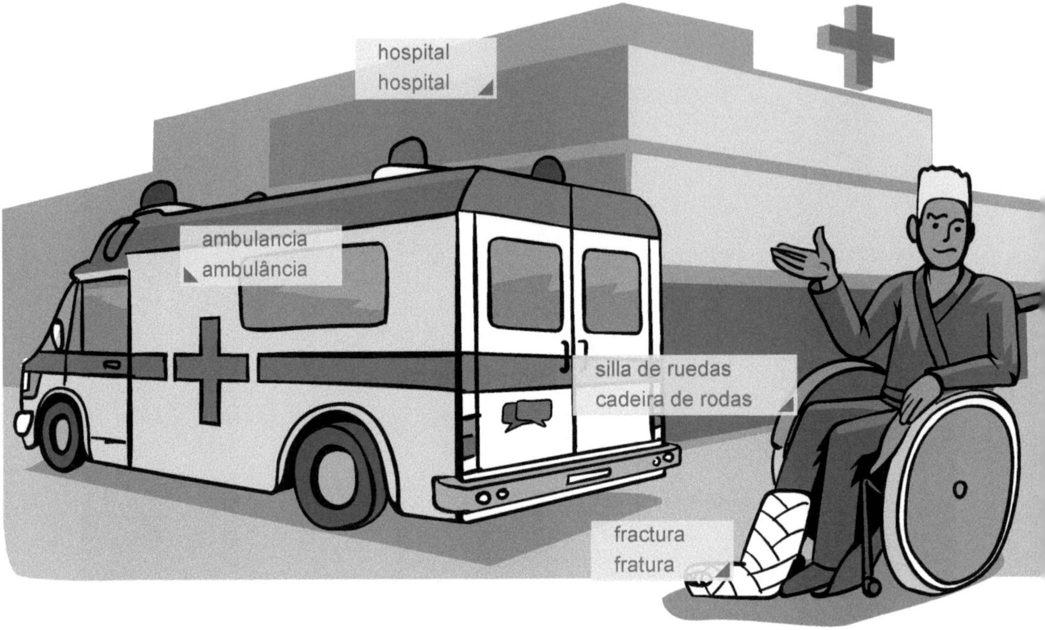

hospital
hospital
ambulancia
ambulância
silla de ruedas
cadeira de rodas
fractura
fratura

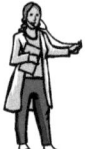

médico
médico

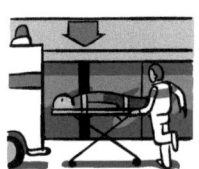

admisión de urgencia
serviço de urgências

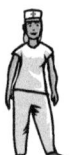

enfermera
enfermeira

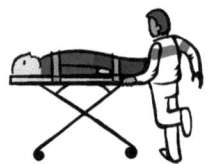

emergencia
emergência

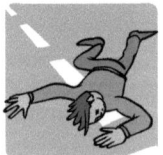

inconsciente
inconsciente

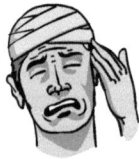

dolor
dor

lesión
ferimento

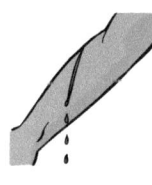

hemorragia
hemorragia

infarto de miocardio
ataque cardíaco

apoplejía cerebral
acidente vascular cerebral

alergia
alergia

tos
tosse

fiebre
febre

gripe
gripe

diarrea
diarreia

dolor de cabeza
dor de cabeça

cáncer
cancro

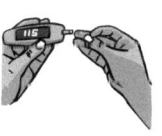

diabetes
diabetes

cirujano
cirurgião

escalpelo
bisturi

operación
operação

TC
CT

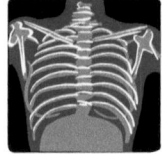

rayos X
raio x

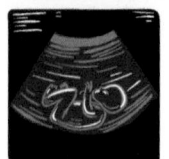

ultrasonido
ultrassom

máscara
máscara

enfermedad
doença

sala de espera
sala de espera

muleta
muleta

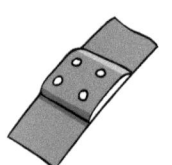

emplasto
penso rápido

vendaje
ligadura

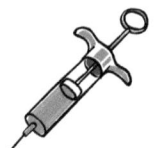

inyección
injeção

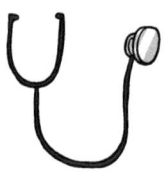

estetoscopio
estetoscópio

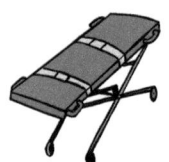

camilla
maca

termómetro
termómetro

nacimiento
nascimento

sobrepeso
excesso de peso

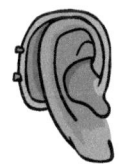

audífono

aparelho auditivo

desinfectante

desinfetante

infección

infeção

virus

vírus

VIH / SIDA

HIV / SIDA

medicina

medicamento

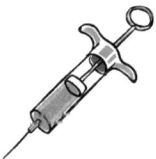

vacunación

vacinação

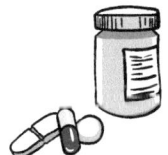

comprimido

comprimidos

píldora anticonceptiva

pílula

llamada de emergencia

chamada de emergência

medidor de presión arterial

dispositivo de medição de
pressão arterial

enfermo / saludable

doente / saudável

¡Ayuda!

Socorro!

alarma

alarme

asalto

assalto

ataque

ataque

peligro

perigo

salida de emergencia

saída de emergência

¡Fuego!

Fogo!

extintor

extintor de incêndios

accidente

acidente

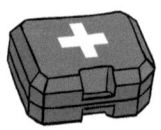

kit de primeros auxilios

estojo de primeiros socorros

SOS

SOS

Policía

polícia

Europa

Europa

América del Norte

América do Norte

América del Sur

América do Sul

África

África

Asia

Ásia

Australia

Austrália

Atlántico

Atlântico

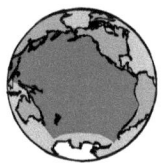

Pacífico

Pacífico

Océano Índico

Oceano Índico

Océano Antártico

Oceano Antártico

Océano Ártico

Oceano Ártico

Polo Norte

Polo Norte

Polo Sur

Polo Sul

Antártida

Antártica

Tierra

terra

país

país

mar

mar

isla

ilha

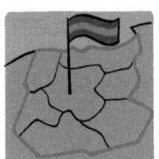

nación

nação

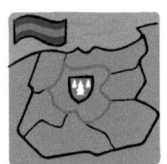

Estado

estado

cuadrante

mostrador do relógio

horario

ponteiro das horas

minutero

ponteiro dos minutos

segundero

ponteiro dos segundos

¿Qué hora es?

Que horas são?

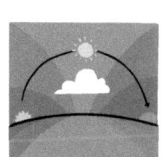

día

dia

tiempo

tempo

ahora

agora

rcloj digital

relógio digital

minuto

minuto

hora

hora

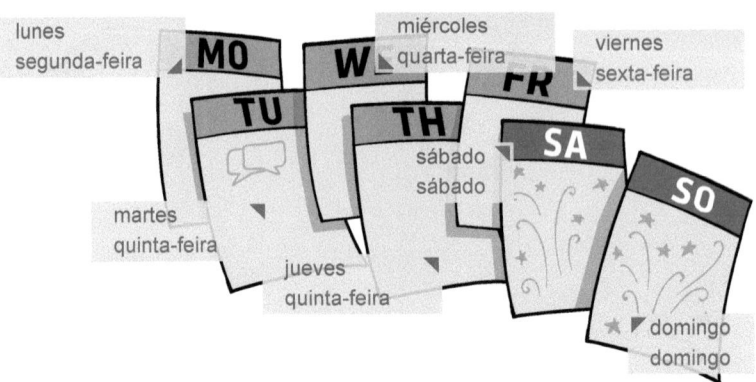

lunes
segunda-feira

miércoles
quarta-feira

viernes
sexta-feira

martes
quinta-feira

jueves
quinta-feira

sábado
sábado

domingo
domingo

ayer

ontem

hoy

hoje

mañana

amanhã

mañana

manhã

mediodía

meio-dia

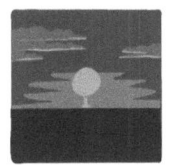

tarde

entardecer

MO	TU	WE	TH	FR	SA	SU
1	2	3	4	5	6	7
8	9	10	11	12	13	14
15	16	17	18	19	20	21
22	23	24	25	26	27	28
29	30	31	1	2	3	4

jornada de trabajo

dias úteis

MO	TU	WE	TH	FR	SA	SU
1	2	3	4	5	6	7
8	9	10	11	12	13	14
15	16	17	18	19	20	21
22	23	24	25	26	27	28
29	30	31	1	2	3	4

fin de semana

fim de semana

año

ano

lluvia
chuva
arco iris
arco-íris
nieve
neve
viento
vento
primavera
primavera
otoño
outono
verano
verão
invierno
inverno

4.APRIL 11°
5.APRIL 4°
6.APRIL 13°
7.APRIL 8°
8.APRIL 10°

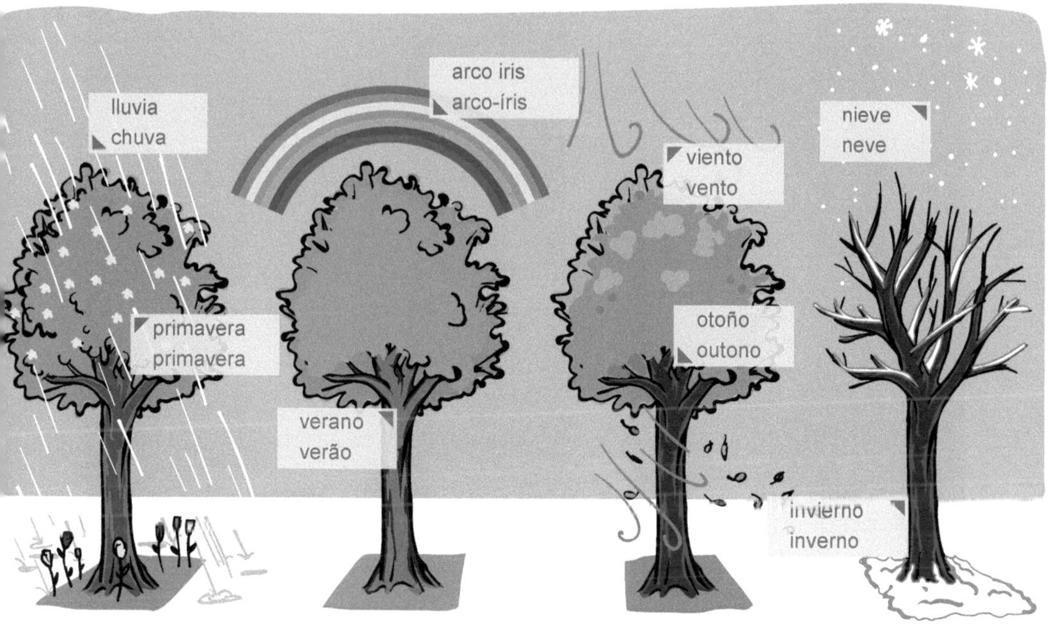

pronóstico meteorológico

previsão do tempo

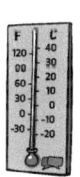

termómetro

termómetro

luz solar

raios de sol

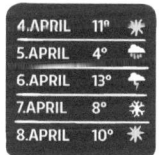

nube

nuvem

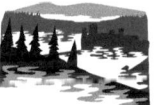

niebla

neblina / nevoeiro

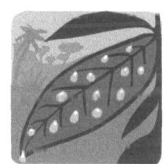

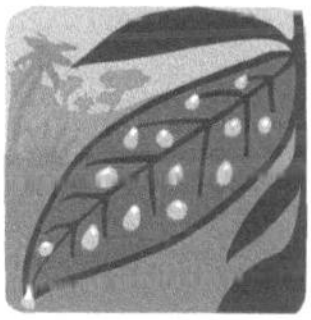

humedad ambiente

humidade do ar

relámpago

relâmpago

trueno

trovão

tormenta

tempestade

granizo

granizo

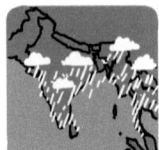

monzón

monção

inundación

inundação

hielo

gelo

enero

janeiro

febrero

fevereiro

marzo

março

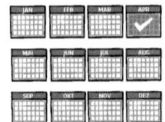

abril

abril

mayo

maio

junio

junho

julio

julho

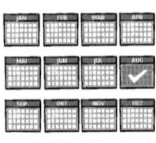

agosto

agosto

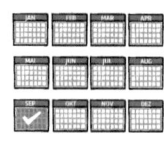

septiembre
....
setembro

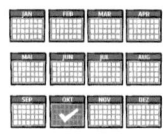

octubre
....
outubro

noviembre
....
novembro

diciembre
....
dezembro

círculo
....
círculo

cuadrado
....
quadrado

rectángulo
....
retângulo

triángulo
....
triângulo

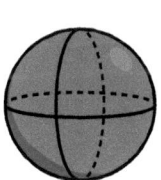

esfera
....
esfera

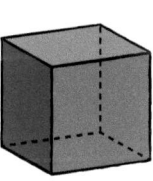

cubo
....
cubo

colores
cores

blanco
....
branco

amarillo
....
amarelo

anaranjado
....
laranja

rosa
....
rosa

rojo
....
vermelho

lila
....
lilás

azul
....
azul

verde
....
verde

marrón
....
castanho

gris
....
cinzento

negro
....
preto

mucho / poco

muito / pouco

enojado / calmado

furioso / calmo

bonito / feo

lindo / feio

comienzo / fin

princípio / fim

grande / pequeño

grande / pequeno

claro / oscuro

claro / escuro

hermano / hermana

irmão / irmã

limpio / sucio

limpo / sujo

completo / incompleto

completo / incompleto

día / noche

dia / noite

muerto / vivo

morto / vivo

ancho / angosto

largo / estreito

disfrutable / no disfrutable

comestível / não comestível

malo / amigable

mau / gentil

excitado / aburrido

entusiasmado / entediado

gordo / delgado

gordo / magro

primero / último

primeiro / último

amigo / enemigo

amigo / inimigo

lleno / vacío

cheio / vazio

duro / suave

duro / macio

pesado / liviano

pesado / leve

hambre / sed

fome / sede

enfermo / saludable

doente / saudável

ilegal / legal

ilegal / legal

inteligente / tonto

inteligente / burro

izquierda / derecha

esquerda / direita

cercano / lejano

perto / longe

nuevo / usado

novo / usado

nada / algo

nada / algo

viejo / joven

velho / jovem

encendido / apagado

ligado / desligado

abierto / cerrado

aberto / fechado

bajo / fuerte

baixo / alto

rico / pobre

rico / pobre

correcto / incorrecto

certo / errado

áspero / liso

áspero / liso

triste / alegre

triste / feliz

breve / extenso

curto / longo

lento / veloz

lento / rápido

mojado / seco

molhado / seco

caliente / frío

ameno / fresco

guerra / paz

guerra / paz

0

cero

zero

1

uno

um

2

dos

dois

3

tres

três

4

cuatro

quatro

5

cinco

cinco

6

seis

seis

7

siete

sete

8

ocho

oito

9

nueve

nove

10

diez

dez

11

once

onze

12

doce

doze

13

trece

treze

14

catorce

catorze

15

quince

quinze

16

dieciséis

dezasseis

17

diecisiete

dezassete

18

dieciocho

dezoito

19

diecinueve

dezanove

20

veinte

vinte

100

cien

cem

1.000

mil

mil

1.000.000

millón

milhão

inglés
inglês

inglés estadounidense
inglês americano

chino mandarín
chinês mandarim

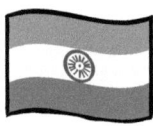

hindi
hindi

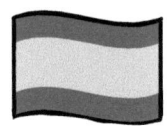

español
espanhol

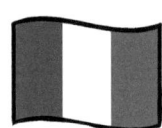

francés
francês

árabe
árabe

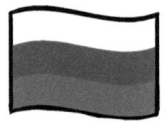

ruso
russo

portugués
português

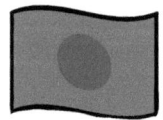

bengalí
bengalês

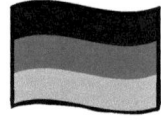

alemán
alemão

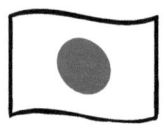

japonés
japonês

yo

eu

tú

tu

él / ella

ele / ela

nosotros

nós

vosotros

vós

ellos

eles / elas

¿quién?

quem?

¿qué?

o quê?

¿cómo?

como?

¿dónde?

onde?

¿cuándo?

quando?

nombre

nome

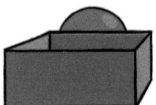

detrás
....
atrás

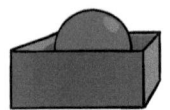

en
....
em

delante de
....
à frente de

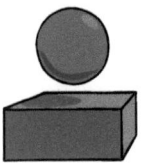

encima de
....
sobre

sobre
....
em cima

debajo de
....
debaixo

junto a
....
ao lado

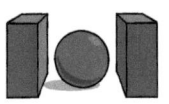

entre
....
entre

lugar
....
lugar